소중한 생명을 다루는
의사

글쓴이 **김남일 선생님**은

1983년 〈우리 세대의 문학〉에 소설을 발표하며 등단했어요.
작품으로 〈청년일기〉, 〈천하무적〉, 〈세상의 어떤 아침〉, 〈골목이여, 안녕〉, 〈모래도시의 비밀〉,
어린이 인물 이야기 〈늘 푸른 역사가 신채호〉, 〈통일 할아버지 문익환〉 등이 있어요.
또 아이들의 꿈을 키워 주는 이야기를 쓰면서, 아시아 여러 나라의 동화를
우리나라 어린이들에게 소개하는 일도 하고 있어요.

그린이 **안희건 선생님**은

홍익대학교에서 광고 커뮤니케이션 디자인을 공부했어요.
나이아가라 문화 예술에서 그림을 연구하며,
A/B(Sungbuk)에서 그래픽 디자이너로 활동 중이에요.
앞으로도 아이들에게 꿈과 희망을 줄 수 있는 그림책을 만드는 게 꿈이에요.

소중한 생명을 다루는
의사

글 김남일 · 그림 안희건

나는 종합 병원 소아과 의사예요. 매일같이 어린이 환자들을 진찰하고, 오전, 오후에 한 번씩 회진을 하지요. 회진은 입원한 환자를 찾아다니며 살피는 거예요. 오늘 아침에도 회진을 하는데, 예쁜 꼬마 숙녀 영은이가 불쑥 물었어요.

"선생님은 언제부터 의사가 되려고 했어요?"

"응?"

나는 갑작스런 질문에 얼른 대답하지 못했어요. 영은이는 소아 병동에 입원하고 있는 아이예요. 폐렴이 심해서 여러 가지 힘든 치료를 받고 있지요. 나는 그런 영은이가 안쓰러웠어요. 폐에 염증이 생겨서 열이 펄펄 나고, 기침도 심해서 숨 쉬기조차 힘들 정도니까요. 그래도 꿋꿋이 잘 참아 내서 얼마나 기특한지 몰라요. 어쩌면 영은이도 커서 의사가 되겠다는 꿈을 키우고 있는지도 몰라요.

"글쎄……."

나는 동그란 눈을 반짝이는 영은이의 머리를 쓰다듬으며, 곰곰이 생각해 보았어요.

소아과는 어떤 곳이에요?

소아과에서는 막 태어난 아기부터 15살 정도까지의 어린 환자들을 치료해요. 어린이는 몸의 기관들이 약하고 자라고 있는 중이어서 어른의 몸과는 달라요. 그래서 같은 병이라도 어른과 어린이의 증세가 다르고, 치료법도 다른 경우가 많지요. 또 어린이들에게만 나타나는 특수한 병도 있고요. 그래서 1800년대 후반부터 '소아과'를 따로 분리해서 나이 어린 환자의 병을 치료하고 연구하고 있답니다.

글쎄, 언제부터일까요? 의과 대학에 들어가려고 마음먹었을 때부터일까요? 아니, 나는 그보다 훨씬 전부터 의사가 되고 싶었던 것 같아요.

나는 어린 시절에 종종 배앓이를 했어요. 장이 약했거든요. 특히 무더운 날 찬물을 많이 마시거나, 밤에 이불을 걷어차고 자면 꼭 배가 아팠어요. 처음에는 살살, 나중에는 식은땀까지 흘리며 끙끙 앓았지요. 그 시절엔 지금처럼 병원이 흔치 않았어요. 또 배가 조금 아프다고 병원에 갈 만큼 집안 형편이 넉넉하지도 않았고요.

어머니는 내게 한쪽 다리를 내주시면서 "우리 강아지, 왜 자꾸 배가 아프니? 이리 누워 봐."라고 하셨죠. 그런 다음 까칠한 손바닥으로 내 배를 쓸어내리며, 이런 노래를 부르셨어요.

엄마 손은 약손이다.
엄마 손은 약손이다.
우리 강아지 빨리 나아
재미있게 뛰어놀자.

효과가 있었냐고요? 그럼요! 처음에는 까칠한 어머니의 손이 배에 닿는 게 싫었는데, 얼마쯤 지나면 사르르 아프던 배가 거짓말처럼 나았어요.

"엄마, 이젠 안 아파!"

내가 벌떡 일어나 앉으며 이렇게 말하면, 어머니는 "꾀병이었구나. 벌써 나은 걸 보니."라고 하면서 싱긋 웃으셨지요.

어린 시절 나는 그런 어머니의 손이 정말로 신기했어요. 아픔을 낫게 해 주는 마법의 손이었으니까요.

　세월이 흐른 뒤에 알게 된 사실인데, 어머니의 방법은 현대 의학에서도 인정받는 응급 치료법이었어요. 실제로 배가 차면 배앓이를 하기 쉬워요. 그럴 때 따뜻한 손으로 배를 문질러 주면 어느 정도 낫게 마련이지요. 게다가 어머니의 노랫가락에 사랑이 실려 있으니까 마음도 편안해졌겠지요. 마음이 안정되면 치료 효과도 좋거든요.
　아무튼 '엄마 손'은 오랜 세월 동안 나에게 약손이 되었어요. 나는 어쩌면 그 신비한 힘을 경험했을 때부터 의사가 될 생각을 하지 않았을까요?

한편, 외과 의사로 일하는 남편은 의사가 된 좀 더 분명한 이유가 있었어요. 남편이 아직 초등학생이었을 때, 아버지가 그만 무서운 폐암에 걸리셨어요. 병원에서도 더 이상 치료 방법이 없다고 해서 아버지를 집으로 모셔와야만 했지요.
 어린 남편은 숨 쉴 때마다 고통스러워하는 아버지를 고스란히 지켜봐야 했답니다. 굼벵이가 암 치료에 좋다는 동네 어른들 말을 듣고, 굼벵이를 잡으러 다니기도 했대요. 하지만 아버지는 끝내 돌아가셨지요. 그때 남편은 속으로 결심했다고 해요.
 "아빠, 저는 커서 의사가 될 거예요! 그래서 아빠처럼 병으로 고통받는 사람들을 꼭 치료해 줄 거예요."
 남편은 결국 의사가 되었지요. 비록 전공(어느 한 분야를 전문적으로 연구함.)이 암 치료는 아니지만, 소중한 생명을 지켜 내는 것만큼은 똑같지요.

의사는 잘 알다시피 병을 고치는 일을 해요. 감기나 배탈 같은 간단한 병을 치료할 뿐만 아니라, 사람의 목숨까지 다루지요. 이렇게 큰 책임이 따르기 때문에 오랫동안 의학 공부를 하고 어려운 시험에 붙어야만 의사가 될 수 있어요.

일반 대학은 보통 4년 과정이지만, 의과 대학은 6년 과정이에요. 그만큼 배워야 할 내용도 많고, 공부도 어렵기 때문이지요.

의과 대학에 들어가고 나서 처음의 2년 동안을 '예과'라고 해요. 이 시절에는 의과 대학생들도 일반 대학생들과 비슷한 생활을 해요.

나 역시 기타도 배우고 친구들과 여행도 다니며 즐겁게 지냈어요. 물론 놀기만 해서는 안 되죠. 적어도 의학 공부에 필요한 영어와 독일어, 기본 의학 상식은 확실히 익혀야 하지요.

하지만 즐거웠던 시절은 2년으로 끝! 입학식 때 교수님 중 한 분이 이런 말씀을 하셨어요.

의학 전문 대학원은 어떤 곳인가요?

의학 전문 대학원은 의학을 전문적으로 공부하는 곳으로, 이전의 의과 대학 과정(6년)을 대학원 과정으로 만든 거예요. 이곳은 기본적으로 대학을 졸업한 사람들이 입학할 수 있어요. 일반 대학원은 보통 2년 과정이지만, 의학 전문 대학원은 4년 과정이에요. 그만큼 의학 공부가 어렵기 때문에 공부하는 기간도 긴 것이죠. 일반 대학을 졸업한 사람들도 여기에 들어가 공부한 다음, 시험을 봐서 면허를 따면 의사가 될 수 있답니다.

"의사가 공부를 안 하는 건 죄악이야. 알고 있으면 병을 고쳐서 살릴 수 있는 환자를, 모르면 죽일 수도 있기 때문이지. 그러니까 의사에게는 모른다는 말이 통하지 않아. 무조건 알려고 애써야 해."

2년 동안의 예과를 마친 후, 다시 4년 동안의 과정을 '본과'라고 해요. 본과에 접어들자 선배들이 말했어요.

"이제부터는 목숨을 걸고 공부해!"

그건 거짓말도, 괜히 겁주려는 말도 아니었어요. 우리는 본과에 들어간 지 일주일 만에 첫 시험을 치렀어요.

〈두개골 각 부분의 이름을 손으로 짚어 가며 말하라!〉

우리 몸에는 모두 206개의 뼈가 있는데, 뼈마다 많은 구멍이 있어요. 두개골에도 크고 작은 많은 구멍이 있고, 저마다 다른 이름이 붙어 있지요. 문제는 뼈뿐만 아니라 구멍과 그 사이를 지나가는 혈관, 신경의 이름까지도 깡그리 외워야 한다는 것이죠.

나는 밥 먹는 시간도 아껴 가면서, 열심히 외우고 또 외웠어요. 그러다가 밤을 홀딱 새기도 했지요. 그런데도 불구하고 결과는 끔찍했어요.
"너, 의사가 되겠다는 거야? 이렇게 게으르고 엉망으로 하려면 지금 아예 보따리를 싸!"
나는 서러워서 눈물이 주르륵 흘러내렸어요. 눈 감고도 술술 외울 수 있다고 생각했는데, 막상 교수님 앞에 서자 눈앞이 캄캄해졌거든요.
결국은 나중에 다시 시험을 치러야 했어요. 그렇게 호된 시험을 치르고 난 뒤, 나는 더욱더 공부에 매달렸어요.

그리고 또 한 가지 끔찍한 일이 기다리고 있었어요. 말로만 듣던 카데바(해부를 하기 위해 썩지 않게 처리한 시체) 해부 실습! 시체의 몸을 갈라서 그 안을 살펴보는 시간이었지요. 나는 숨을 죽인 채 해부 실습실로 들어섰어요. 방부제(시체를 썩지 않게 하는 약) 냄새가 코를 찔렀고, 왠지 으스스한 기분이 들었어요.

사실 나는 어렸을 때 바퀴벌레 한 마리도 잡아 본 적이 없었고, 쥐만 봐도 기겁하는 겁쟁이였어요. 그런 내가 사람의 시체를 해부하게 되다니!

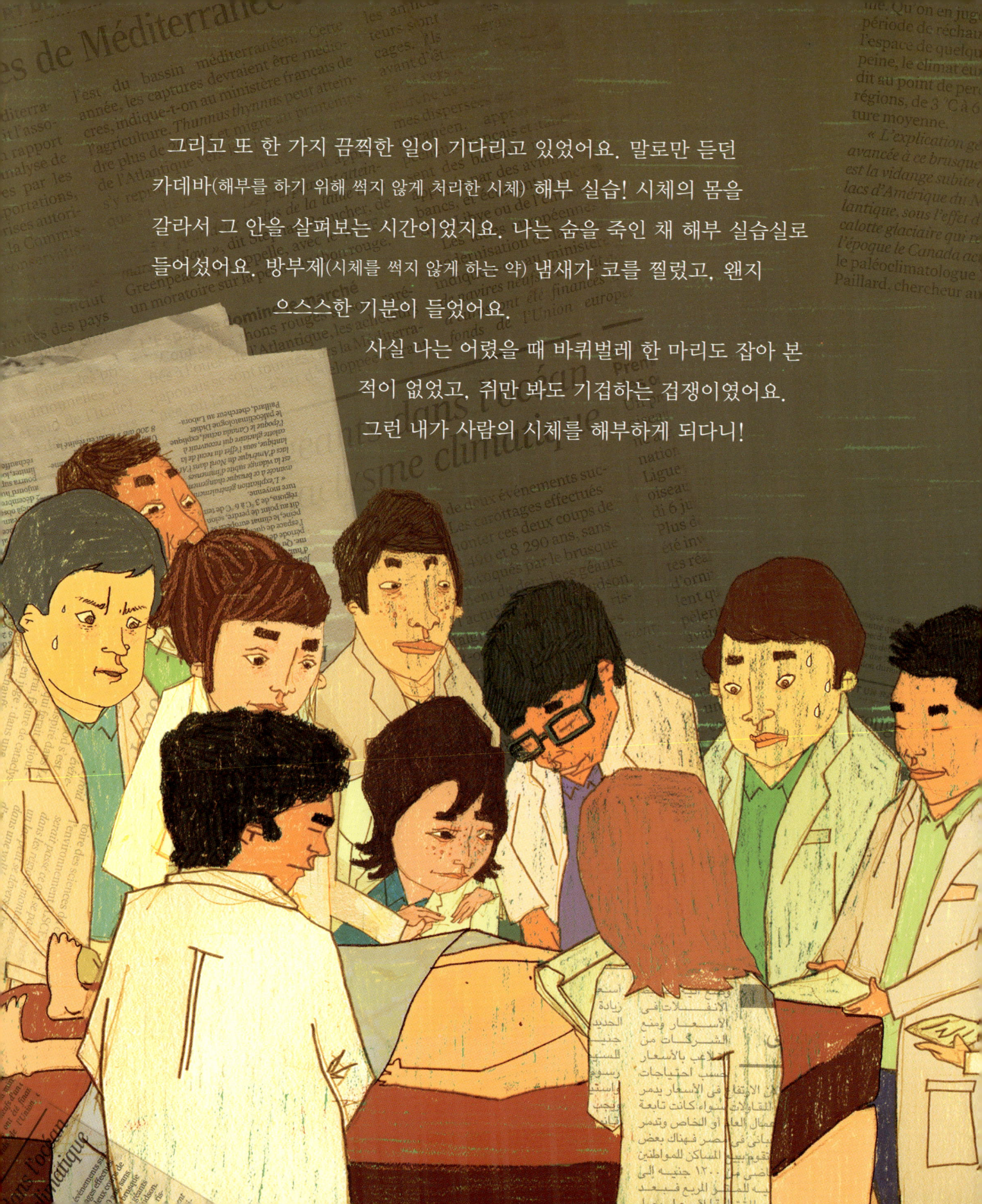

우리 앞에 놓인 카데바는 돌아가신 우리 학교 교수님의 시신이었어요. 교수님은 살아서는 평생 아픈 사람들을 치료하고, 죽어서는 의학의 발전을 위해 자신의 몸까지 바친 거예요. 우리는 그런 교수님의 명복을 간절히 빌었어요. 그러자 어느 정도 마음이 가라앉고, 자신감도 생기는 것 같았어요.

문제는 칼을 집어 들어 처음으로 배를 가를 때였어요. 내가 칼을 갖다 대자 살이 스르륵 베이고, 장기의 모습이 슬쩍 드러났어요. 그러자 나도 모르게 울컥 구역질이 났어요. 나는 그대로 뛰쳐나가 복도에다 한바탕 토하고 말았지요. 얼마나 창피하던지!

나중에 알고 보니 나만 그런 게 아니었어요. 밤에 공동묘지도 혼자 갈 수 있다고 잘난 체하던 어떤 남학생은 나보다 두 배나 많이 토했대요. 쉿! 비밀이지만 그 학생이 바로 지금의 내 남편이랍니다.

본과 3학년이 되면 강의실을 떠나
본격적으로 '임상 실습'을 해요.
병원에 있는 실제 환자들 곁에서
어떻게 진료와 치료를 하는지
배우지요.
이때 가장 중요한 건 관찰이에요.
교수님들이 진료하는 것을 지켜보면서
수업 시간에 배운 것을 실제로 확인하고
익히지요. 때로는 무척 지루해요. 그러다가
자칫 한눈을 팔거나 하면 몹시 꾸지람을
들어요.
"네가 지금 한눈팔다가 놓친 부분 때문에
나중에 환자의 생명이 위험해지면
어떡할래? 그런 정신으로 의사가 될 수

있겠어?"

야단맞을 일은 사방에 널려 있었어요. 밤늦게까지 공부하느라 늦잠을 자서 지각했을 때, 너무 당황한 나머지 청진기를 귀에 꽂지도 않고 진찰한다고 했을 때, 거즈로 환자의 피도 제대로 못 닦았을 때……. 그 시절은 이렇게 부지런히 야단을 맞으며 보냈지요.

졸업 전에는 나라에서 실시하는 '의사 국가고시'를 봐요. 시험에 합격하면 의사 면허증을 받지요. 하지만 의사 면허를 받았다고 당장 환자를 치료할 수 있는 건 아니에요. 인턴 1년, 레지던트 3~4년의 과정을 또 거쳐야 하니까요.

인턴은 '수련의'라고도 해요. 이때에는 의사가 환자를 치료하는 것을 도우면서 내과, 외과, 소아과 등 병원의 여러 분야를 두루 경험하지요. 그런 다음 '전공의'인 레지던트가 되는데, 이때에는 여러 분야 중 자기에게 맞는 한 분야를 정해서 집중적으로 공부해요.

 전공을 고를 때 내과(내장에 생긴 병을 약으로 치료)를 선택하는 친구들이 제일 많았어요. 아무래도 수술에 대한 부담감이 적기 때문이겠죠.
 우리 학년에서는 내과 다음으로 이비인후과(귀, 코, 목구멍 등을 치료), 성형외과(기형이나 흉터를 치료, 외모 개선을 위한 치료), 피부과(피부에 대한 질병을 치료) 등을 많이 신청했어요.
 반면에 산부인과(임신과 출산을 돕고, 부인병 등을 치료), 흉부외과(수술로 폐, 심장 등의 질병을 치료), 응급의학과(응급 환자를 치료) 등은 신청자가 아주 적었어요. 다른 과보다 힘이 많이 들기 때문이에요. 하지만 내 친구 명희는 흉부외과를 선택했어요.
 "난 어렸을 때부터 힘든 일에 도전하는 걸 좋아했어. 흉부외과도 마찬가지야. 가장 힘드니까 오히려 가장 보람 있을 것 같아. 물론 심장 이식 수술을 받은 우리 아버지 영향도 있지만……."
 한편 잠이 많은 성진이는 응급의학과를 선택했어요. 그러자 친구들이 하나같이 성진이를 놀렸어요.
 "너 같은 잠꾸러기가 응급실을 어떻게 지키려고 그래?"
 "난 앞으로 잘 잠을 미리 실컷 자 둔 거야. 그러니까 이제부터는 두 눈 똑바로 뜨고 응급실을 지킬 수 있다고."
 다부진 성진이의 말에 친구들이 모두 웃었어요.

나는 소아과를 선택했어요. 평소 어린아이들을 좋아하기도 했지만, 인턴 때 만났던 미진이가 자꾸 생각났거든요. 아주 약한 몸으로 태어난 미진이는 여러 가지 병으로 고생했어요. 병원에서 지낸 날이 집에 있는 날보다 많았을 정도였죠. 나를 참 잘 따랐던 미진이는 내가 인턴을 마칠 무렵, 그만 하늘나라로 가고 말았어요.

나는 미진이의 빈 침대를 보면서 속으로 얼마나 울었는지 몰라요. 나는 소아과 의사가 돼서 미진이 같은 어린 환자의 병을 꼭 고쳐 주고 싶었어요.

 인턴과 레지던트 기간에 무엇보다 고달픈 건 잠이에요. 레지던트들은 보통 일주일에 100시간 넘게 병원에서 일해요. 많게는 140시간까지 일할 때도 있답니다. 정말 지옥이 따로 없지요. 그러다 보면 수술실에서 깜빡 졸다가 크게 야단을 맞기도 해요.
 이렇게 힘든 과정을 마친 뒤 의사 시험에서 합격하면 '전문의'가 돼요. 마침내 나도 그 모든 과정을 거쳐서 소아과 의사가 되었답니다. 소아과 전문의 자격증을 손에 받아 든 날, 이미 돌아가신 어머니의 약손이 제일 먼저 떠올랐어요. 어린 시절 배앓이를 할 때마다 내 배를 살살 문질러 주시던 그 손! 그 약손 덕분에 나는 건강하게 자라 마침내 의사가 되었지요.
 나는 내 배를 어루만져 주셨던 어머니의 마음으로 환자들을 정성껏 치료하겠다고 다짐했답니다.

이렇게 지난 세월을 돌이켜 보니, 의사가 되기까지 참 많은 일들이 있었네요. 나는 아침 회진을 끝낸 뒤 진료실로 가기 위해 대기실을 지나갔어요. 대기실은 아이들로 꽉 차 있었어요. 기침이 심해 계속 콜록거리는 아이, 집에 돌아가겠다고 떼쓰는 아이, 진료실 문 앞에서 안 들어가겠다고 뒹굴며 우는 아이……. 첫 환자는 명선이에요. 명선이는 마스크를 하고서도 가끔 콜록거렸어요. 엊그제 처음 왔을 때에는 기침이 꽤 심했어요.

"우리 명선이가 기침이 아직 안 떨어졌네?"

"그래도 많이 나아진 거 같아요. 밤에는 그럭저럭 잠도 잘 잤고요."

명선이 어머니가 대신 말했어요.

청진기로 진찰한 결과, 명선이의 상태는 훨씬 좋아졌어요. 숨소리도 고르고, 가래 끓는 소리도 거의 들리지 않았어요. 처음 왔을 때에는 그르릉그르릉 마치 뭐가 끓는 것 같은 소리가 들렸거든요. 그래도 오늘까지는 학교에 가지 말고 집에서 쉬는 게 좋겠다고 말했어요. 약 처방전도 써 주었지요. 처방전을 들고 약국에 가면, 약사가 처방전에 따라 약을 지어 줄 거예요.

최초의 청진기는 무엇이었나요?

청진기는 심장과 폐에서 나는 소리를 듣고 환자의 상태를 알아볼 때 쓰는 도구예요. 옛날에는 직접 가슴에 귀를 대고 손으로 가슴을 두드려 가며 진찰을 했어요. 그러다가 1819년에 프랑스 의사인 라에네크가 속이 빈 나무통을 사용한 게 청진기의 시작이었지요. 나무통을 대고 들으면 가슴 소리가 훨씬 잘 들렸거든요. 지금의 청진기는 진동의 원리로 더욱 선명한 소리를 들을 수 있답니다.

그다음 환자인 우섭이는 무릎에 종기가 났는데, 많이 곪아 있었어요.

"언제부터 이랬어요?"

"처음에는 뾰루지처럼 조그만 종기였는데, 집에 있는 연고를 바르니까 더 커졌어요."

우섭이 어머니가 걱정스러운 얼굴로 말했어요.

"아이고, 연고라고 아무거나 막 쓰시면 안 돼요. 피부병이 겉으로는 비슷한 것 같아도 조금씩 다르거든요. 그래서 의사가 처방해 주는 약만 써야 해요."

나는 찬찬히 설명해 주고 나서 컴퓨터에 처방전을 입력했어요. 컴퓨터를 사용하기 전에는 종이로 만든 진료 카드에 환자의 상태를 적었어요. 그래서 환자의 이전 질병이나 치료 과정을 보려면, 수많은 진료 카드 중 환자의 것을 하나하나 찾아서 확인해야 했어요.

하지만 요즘에는 모든 환자의 기록을 컴퓨터에 저장해 놓기 때문에 환자들의 상태를 빠르고 정확하게 확인할 수 있어요.

"선생님, 주사는요?"

내가 약 처방만 해 주니까 우섭이 어머니가 또 물었어요.

"주사는 필요 없어요."

"야호!"

우섭이는 주사를 안 맞아도 된다니까 만세를 불렀어요.

"약만으로 치료할 수 있으면 굳이 주사를 맞을 필요가 없어요. 사실 우리나라는 항생제나 주사를 너무 많이 써요. 그러다 보면 아이의 면역력(병균을 이겨 낼 수 있는 힘)이 약해져서 나중에 더 고생할 수도 있답니다."

소아과에서는 아이들에게 예방 주사도 놓아 줘요. '예방 주사'란 전염병이나 질병에 걸리지 않기 위해 미리 맞는 주사예요. 어린아이들은 면역력이 약해서 여러 가지 병에 걸리기 쉬워요. 그래서 꼭 몇 가지의 예방 주사를 맞아야만 하지요.

오늘은 세 명의 아이에게 DPT(디프테리아, 백일해, 파상풍을 예방하는 백신), 독감 예방 주사, 수두 예방 주사를 놓아 주었어요. 예방 주사를 놓을 때에는 아이에게 아토피나 알레르기가 있는지 꼼꼼히 살펴야 해요. 아이의 체질에 따라 예방 주사를 맞고 부작용이 생기는 경우도 있거든요.

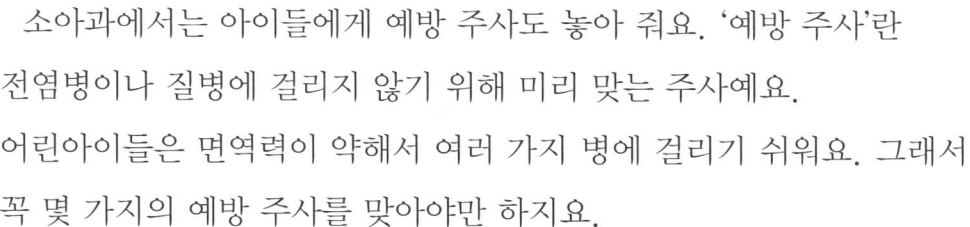

　요즘에는 아토피성 피부염으로 병원을 찾는 아이들이 꽤 늘었어요. 오늘은 심한 아토피를 앓고 있는 아람이가 온몸이 빨갛게 부어올라 찾아왔어요. 어젯밤에는 가려움 때문에 한숨도 자지 못했다고 해요. 밤새 긁었는지 군데군데 딱지가 심하게 앉아 있었고, 피가 나는 곳도 있었어요. 아무래도 입원을 하게 해서 찬찬히 검사를 하면서 지켜봐야 할 것 같아요.

　어린이 비만 환자도 부쩍 많이 찾아와요. 우리나라 사람들의 식습관이 서양식으로 바뀌면서 비만 때문에 고통을 겪는 사람들이 많아졌지요. 특히 아이들은 밥보다 햄버거, 피자 같은 패스트푸드를 더 좋아하니까요. 게다가 운동까지 부족하니 어린이 비만 환자가 점점 많아지고 있어요. 비만을 가볍게 생각하면 안 돼요. 비만으로 성장에 장애가 올 수도 있고, 당뇨병이나 고혈압 같은 병이 생길 수도 있거든요.

　신토불이! 우리 땅에서 제철에 난 농산물로 만든 음식을 먹고, 신 나게 뛰어노는 것이 비만을 예방하는 최고의 방법이지요.

오후 회진 시간이에요.
"선생님, 안녕하세요?"

입원실에 들어서자마자 우렁찬 목소리가 들려왔어요. 보나마나 개구쟁이 한솔이일 거예요. 얼마 전에 열이 많이 나고 자꾸 토해서 검사를 해 보니 뇌수막염이었어요. 뇌를 감싸는 물 같은 막에 염증이 생긴 거예요. 그래서 소아과에 입원해 치료를 받고 있죠.

한창 뛰어놀 나이에 링거 주사를 맞고 있는 한솔이가 안타까웠어요. 하지만 치료를 잘 받으면 깨끗하게 나을 수 있는 병이니 마음이 놓여요.

"오냐, 씩씩해서 좋구나!"

나는 일부러 녀석의 머리를 쓰다듬으면서 크게 말했어요. 다른 아이들에게도 힘을 북돋아 주려고요.

아니나 다를까, 여기저기서 아이들이 참새 떼처럼 재잘거리기 시작했어요. 자기한테도 관심을 가져 달라는 뜻이겠죠.
"저는 아까 주사 맞을 때 하나도 안 울었어요."
"선생님, 저는 밥을 남기지 않고 다 먹었어요."
"저도요."

나는 아이들의 머리를 하나하나 쓰다듬어 주며 칭찬을 해 주었어요. 아이들 곁에서 어머니들도 기분이 좋은지 환하게 웃었어요. 칭찬만큼 좋은 약이 또 있을까 하고 슬쩍 생각해 봅니다.

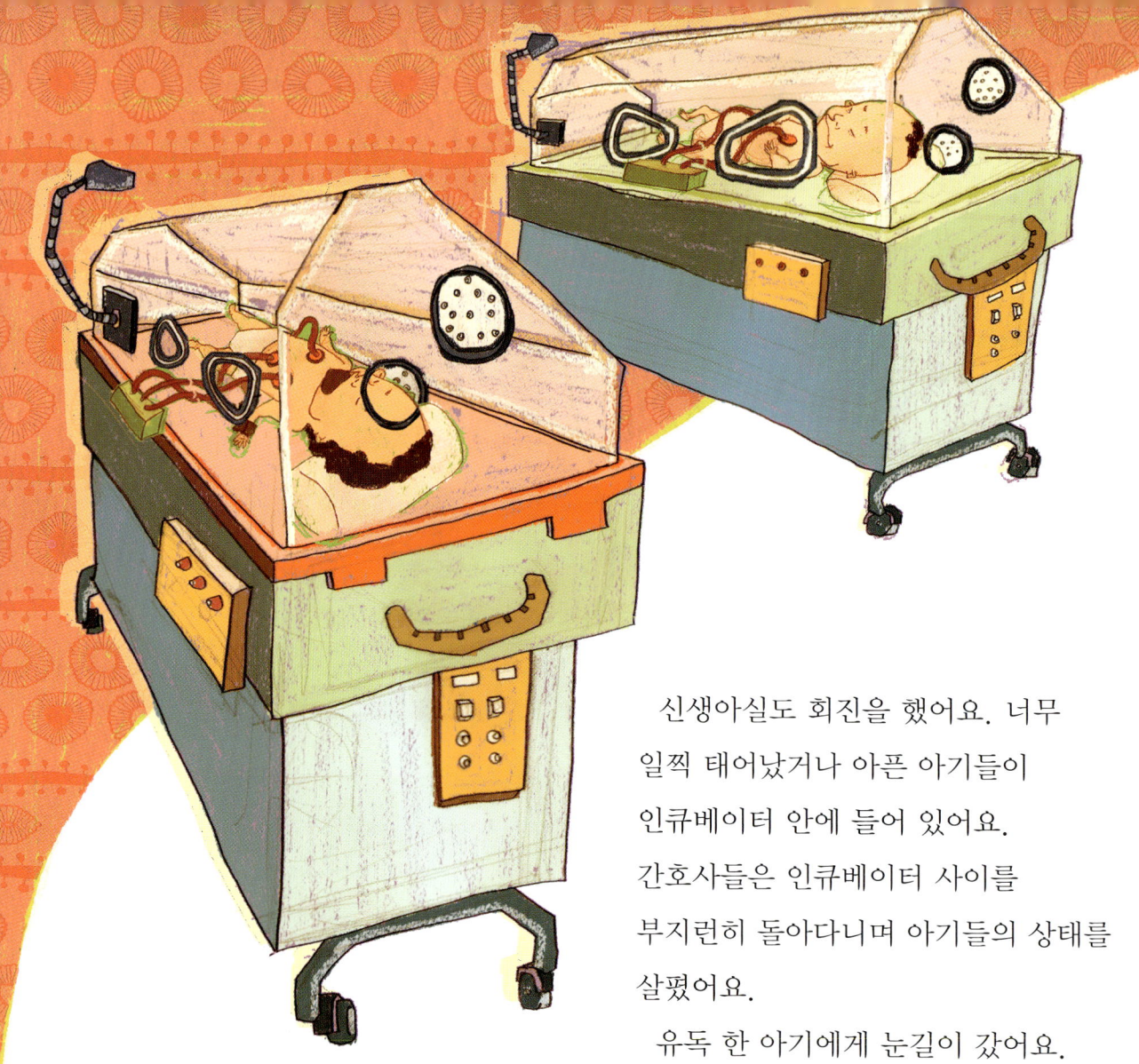

신생아실도 회진을 했어요. 너무 일찍 태어났거나 아픈 아기들이 인큐베이터 안에 들어 있어요. 간호사들은 인큐베이터 사이를 부지런히 돌아다니며 아기들의 상태를 살폈어요.

유독 한 아기에게 눈길이 갔어요. 바로 소피아의 아기인 레베카예요. 레베카는 임신 7개월 만에 몸무게 980그램(g)으로 태어났어요. 1킬로그램(kg)도 안 되었지요. 보통 신생아의 몸무게가 3.4킬로그램 정도인 데 비하면 굉장히 작은 몸으로 태어난 거예요. 레베카는 엄마 배 속에서 충분히 자라지 못했기 때문에 몸이 아주 약해요. 지금도 인공호흡기에 의지한 채 숨을 쉬고 있어요.

다행히 며칠 전부터 조금씩 몸무게도 늘고 건강해지고 있어요. 이대로라면 아마 다음 달에는 퇴원할 수 있을 것 같아요.

소피아는 러시아에서 온 무용수로 한국 남자와 결혼했는데, 남편이

교통사고로 죽고 말았대요. 소피아는 가난한 데다가 아직 한국인 자격을 얻지 못했기 때문에 병원비부터 의료 보험까지 여러 가지로 곤란한 점이 많았어요. 그래도 주변에서 도와주는 사람들이 많아 용기를 잃지 않고 레베카를 보살피고 있답니다. 병원 원장님도 이런 사정을 듣고는 병원비를 지원해 주었어요.

 나는 소피아가 레베카를 안고 하루 빨리 건강하게 퇴원하기를 마음속으로 기도했어요.

갑자기 호출이 왔어요. 교통사고를 당한 소아 응급 환자가 응급차에 실려 오고 있대요. 나는 서둘러 응급실로 달려갔어요.

삐뽀 삐뽀. 요란한 사이렌과 함께 119 구급차가 도착하자마자 미리 대기하고 있던 간호사와 인턴들이 응급실로 환자를 옮겼어요. 인턴이 급히 아이부터 살펴보았어요. 큰 상처는 보이지 않았지만, 아이의 의식이 없었어요. 이런 경우에는 몸 안으로 크게 다쳤을 가능성이 커요.

"심장 박동은?"

"좋지 않아요."

인턴이 걱정스러운 듯이 말했어요. 갑자기 '삐익' 하는 기계음이 울렸어요. 심장 박동이 멈추었다는 뜻이지요. 이럴 때에는 급히 심폐 소생술을 해야 해요.

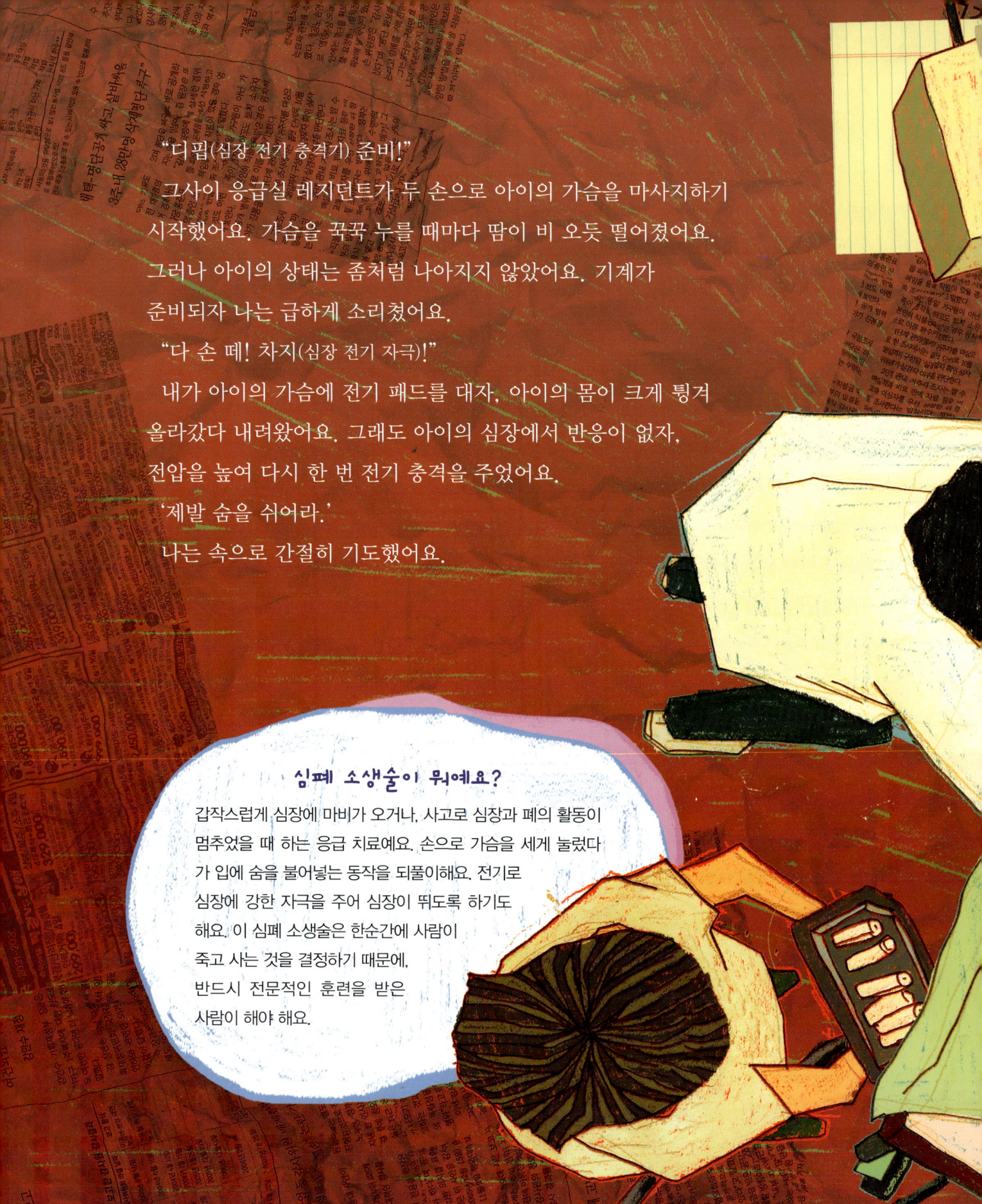

"디핍(심장 전기 충격기) 준비!"

그 사이 응급실 레지던트가 두 손으로 아이의 가슴을 마사지하기 시작했어요. 가슴을 꾹꾹 누를 때마다 땀이 비 오듯 떨어졌어요. 그러나 아이의 상태는 좀처럼 나아지지 않았어요. 기계가 준비되자 나는 급하게 소리쳤어요.

"다 손 떼! 차지(심장 전기 자극)!"

내가 아이의 가슴에 전기 패드를 대자, 아이의 몸이 크게 튕겨 올라갔다 내려왔어요. 그래도 아이의 심장에서 반응이 없자, 전압을 높여 다시 한 번 전기 충격을 주었어요.

'제발 숨을 쉬어라.'

나는 속으로 간절히 기도했어요.

심폐 소생술이 뭐예요?

갑작스럽게 심장에 마비가 오거나, 사고로 심장과 폐의 활동이 멈추었을 때 하는 응급 치료예요. 손으로 가슴을 세게 눌렀다가 입에 숨을 불어넣는 동작을 되풀이해요. 전기로 심장에 강한 자극을 주어 심장이 뛰도록 하기도 해요. 이 심폐 소생술은 한순간에 사람이 죽고 사는 것을 결정하기 때문에, 반드시 전문적인 훈련을 받은 사람이 해야 해요.

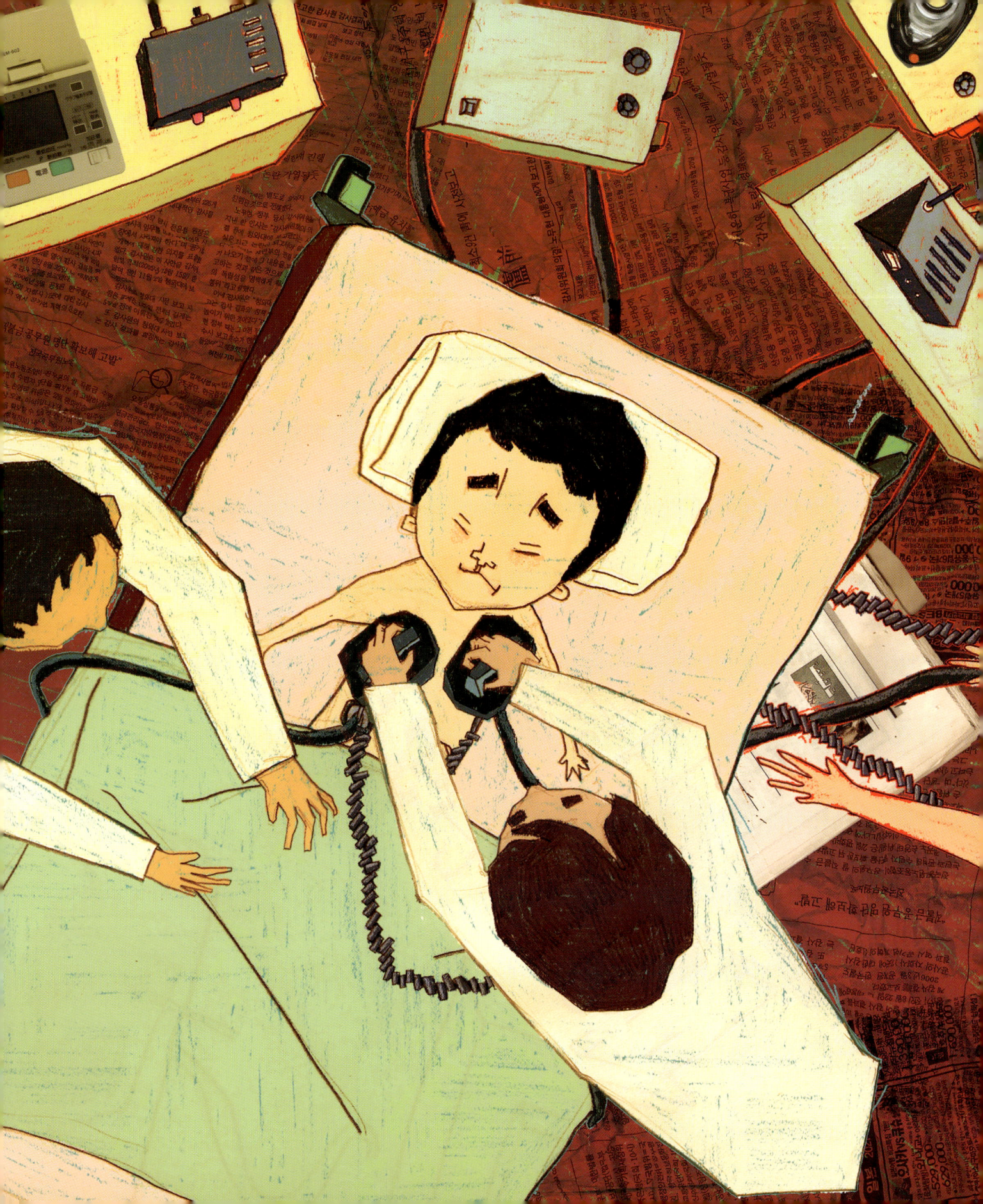

"돌아왔습니다!"
 인턴의 외침이 들려왔어요. 얼핏 아이가 눈을 깜빡이는 것 같았어요. 내 입에서 나도 모르게 긴 한숨이 터져 나왔지요. 급한 불은 일단 끈 셈이에요.
 그래도 안심하기는 아직 일러요. 나는 후배 의사에게 이것저것 검사를 준비시켰어요. 소변과 혈액 검사는 물론이고, 엑스레이(X-ray)와 엠아르아이(MRI)를 찍는 등 여러 가지 검사를 해야 해요. 아이의 상태를 빠르게 확인해서 그에 맞는 치료를 해야 하니까요.

소변 검사

우리 몸에 어떤 이상이 생기면 소변으로 나타나기도 해요. 소변이 아주 샛노랗게 변하거나 콜라색으로 변하면, 몸에 문제가 생겼다는 신호일 수 있어요. 그래서 소변 검사를 하면 몸의 어디가 아픈지 좀 더 잘 알 수 있답니다.

혈액 검사

우리 몸에 흐르는 피를 '혈액'이라고 하는데, 혈액으로도 우리 몸의 상태를 알 수 있어요. 혈액은 적혈구, 백혈구, 혈소판 등 여러 가지 성분으로 이루어져 있어요. 이런 성분들을 검사하면 질병이 있는지 없는지를 확인할 수 있답니다.

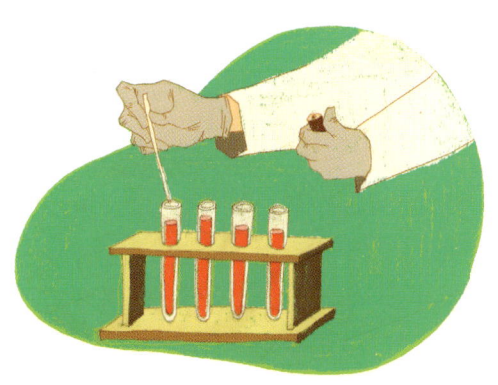

엑스레이(X-ray) 검사

엑스레이 검사는 우리 몸의 뼈와 가슴(폐와 심장 등)에 어떤 이상이 있는지 살펴보기 위한 검사예요. 방사선을 이용해서 사진을 찍으면, 우리 몸속의 뼈와 장기를 볼 수 있기 때문에 주로 많이 하는 검사랍니다.

엠아르아이(MRI) 검사

엠아르아이 검사는 자기장을 이용해 컴퓨터 영상으로 우리 몸속을 촬영해서 보는 거예요. 각종 암이나 심장, 뇌의 질병 등을 자세히 검사할 때 쓰이며, 검사비가 비싼 편이에요.

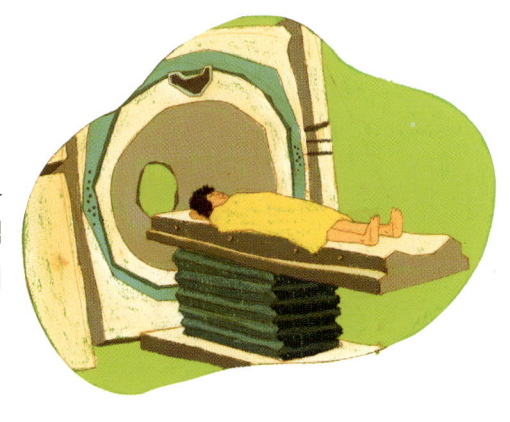

지친 몸을 이끌고 진료실로 걸어가는데, 대기실 앞에서 한 여자아이가 꽃다발을 들고 서 있었어요. 오늘 퇴원하는 영은이였어요.

영은이는 폐렴으로 몇 달간이나 입원했는데, 다행히 몇 주 전부터 상태가 좋아져서 오늘 퇴원을 한답니다.

"선생님, 저 오늘 퇴원해요."

"그래, 이제 아프지 않을 자신 있지?"

"예, 이렇게 튼튼한걸요."

영은이가 팔에 알통을 만들어 보였어요. 영은이가 이렇게 건강한 모습으로 퇴원하니 내 기분도 날아갈 듯 좋았어요. 오늘 쌓였던 피곤도 금세 사라지고요.

"선생님, 이거 여기에서 치료받는 아픈 친구들에게 전해 주세요."

영은이가 꽃과 함께 유리병을 건네 줬어요. 유리병 안에는 색종이로 접은 수많은 종이학이 들어 있었어요. 자기처럼 병과 힘겹게 싸우고 있는 친구들에게 주는 희망의 선물이겠지요. 나는 영은이의 착한 마음에 가슴이 뭉클했어요.

"영은아, 이걸 다 네가 접었니?"

"네, 모두 천 마리예요."

"아이고, 우리 영은이 착해라! 친구들에게 잘 전해 줄게. 친구들도 영은이처럼 힘을 내서 꼭 나을 거야. 그렇지?"

간호사들도 우르르 몰려와서 영은이에게 인사를 했어요.

나는 종이학을 한 마리, 한 마리 접을 때의 영은이의 마음을 생각했어요. 새삼스레 의사라는 나의 직업이 참으로 좋아졌어요.

바쁜 하루가 또 지나갔어요. 오늘은 모처럼 남편과 함께 집에서 저녁 식사를 했어요. 이렇게 둘이 마주 앉아 함께 식사를 하는 것이 얼마 만인지 몰라요.

식사가 끝나자 남편은 바로 서재에 들어갔어요. 나는 조금 섭섭했지만 어쩔 수 없었지요.

의사는 끊임없이 공부를 하지 않으면 안 되거든요. 매일같이 새로운 의학 정보가 쏟아져 나오기 때문에 조금만 게으름을 피워도 금세 뒤처지니까요.

특히 수술이 많은 외과 의사는 수술 방법에 대해서도 많이 공부해야 해요. 의사들이 열심히 연구할수록 수술을 성공적으로 할 수 있을 테니까요.

나도 다음 주에 열리는 학술 대회에 필요한 보고서를 쓰기 시작했어요.

세계 각국을 대표하는 소아과 의사들 앞에서
소아 비만과 그 합병증에 대한 연구 결과를
보고할 예정이거든요.
 피곤한 하루를 보냈던 만큼 졸음이 몰려왔지만,
보고서를 더 정리해야만 편하게 잠잘 수 있을 것 같아요.
결국 나는 밤늦게까지 보고서를 쓰고 가까스로 잠자리에
누웠답니다.

막 잠이 들려고 하는데 전화벨 소리가 울렸어요. 내일 새벽 아프리카로 의료 봉사 활동을 떠나는 의과 대학 친구였어요. 친구는 '국경 없는 의사회'라는 단체에 소속되어 있는데, 앞으로 2년 동안 '시에라리온'이라는 나라에서 의료 봉사 활동을 한다고 해요.

"배웅도 못 나가서 미안해."

"아니야. 지난번에 이야기한 것 꼭 부탁할게."

시에라리온에는 반창고, 붕대, 거즈, 메스(수술용 칼), 주사기, 그리고 가장 간단한 약품들까지 부족하다고 해요. 그래서 친구는 이것저것 힘닿는 대로 미리 준비를 해 두었답니다. 이번에 떠날 때에도 많이 가지고 가지만, 앞으로는 여기 남은 친구들이 많이 돕기로 했지요.

"걱정 마. 봉사도 좋지만, 네 몸도 잘 챙기면서 지내."
"고마워."

전화를 끊는데, 갑자기 눈시울이 뜨거워졌어요. 친구가 부럽기도 했고요. 나도 언젠가 친구처럼 도움이 필요한 나라의 아이들을 위해 의술을 마음껏 펼치고 싶어요. 그것이 어쩌면 내가 의사가 된 뒤 늘 꿈꿔 왔던 일이 아닐까요?

'국경 없는 의사회'는 어떤 단체인가요?

1968년 나이지리아 내전에 파견된 프랑스의 청년 의사들이 1971년 파리에서 만든 의료 단체예요. 이 단체는 전쟁, 굶주림, 질병, 자연재해 때문에 의사가 필요한 곳이 생기면 세계 어디든지 달려가서 도움을 주어요. 아프리카의 난민이나 탈북자들을 돕기도 하고요. 우리나라에도 '인도주의 실천 의사 협의회', '건강 사회를 위한 치과 의사회' 등 의사들의 봉사 단체가 많이 있답니다.

문득 대학 시절에 의사에도 여러 종류가 있다고 하시던 한 교수님의 말씀이 생각났어요.

"의사에도 여러 종류가 있단다. **첫째, 병만 고쳐 주는 '작은 의사', 둘째, 병과 병든 인간을 다 같이 고쳐 주는 '보통 의사', 셋째, 병든 인간과 그를 병들게 하는 사회를 다 같이 고쳐 주는 '큰 의사'.**"

교수님의 말씀을 듣고, 나는 많은 생각을 했어요. 그 무렵 나는 '노먼 베쑨'이라는 한 의사에게 깊은 감명을 받았어요.

캐나다에서 태어난 노먼 베쑨은 고통받는 세계 여러 나라 사람들을 위해 의술을 베풀었어요. 특히 1938년 초부터 1939년 11월에 죽을 때까지 1년 반 정도는 중국에서 의술을 펼쳤지요.

당시 일본은 이미 우리나라를 식민지로 만들고, 만주와 중국 내륙까지 집어삼키려고 전쟁을 일으켰어요. 이런 일본에 맞서 마오쩌둥이 이끄는 중국군은 열심히 싸웠지만 번번이 패했지요. 매일같이 수많은 병사들이 죽었어요. 제대로 된 치료만 받는다면 얼마든지 살아날 수 있는 병사들도 안타깝게 죽어 갔어요.

외과 의사인 베쑨은 들것과 몇 가지 간단한 의약품, 그리고 형편없는 수술 도구를 말에 싣고 전쟁터로 찾아갔어요. 직접 부상병들을 수술하고 치료해 주는 것은 물론이고, 병에 전염되지 않게 틈만 나면 위생 교육을 시켰어요. 제대로 교육받은 의사가 없어서 전쟁터에서 간단한 수술을 할 의사를 직접 가르치기도 했답니다.

한번은 피를 많이 흘려서 수혈(건강한 사람의 피를 환자의 혈관에 넣는 것)이 필요한 환자가 생겼어요. 하지만 아무도 피를 주려고 하지 않았어요.

중국인들은 부모님이 물려준 몸에 상처 내는 것을 아주 꺼렸거든요.

베쑨은 자기 팔을 걷었어요. 베쑨의 피는 O형이어서 누구에게나 수혈할 수 있었지요. 그 모습에 감동받은 많은 사람들이 나중에는 앞다투어 팔뚝을 내밀었어요.

베쑨은 쉴 틈이 거의 없었어요. 사람들은 그의 건강을 걱정했어요. 한번은 장군이 직접 찾아와 베쑨에게 엄하게 말했어요.

"저 방에 침대가 있어요. 내 허락이 있을 때까지 당신은 거기서 잠을 자야 합니다. 이건 명령입니다."

베쑨은 버텼지만 장군의 명령을 따를 수밖에 없었지요. 30분 후, 장군은 베쑨이 잘 자나 살펴보려고 방으로 들어갔어요. 그런데 베쑨이 침대맡에 걸터앉아 있는 거예요.

"부상당한 병사들이 기다리고 있는데, 나더러 쉬라는 명령을 해 봐야 소용없어요. 나는 그들에게로 갈 겁니다."

그러던 1939년 가을, 베쑨은 그만 병에 걸리고 말았어요. 제대로 된 도구도 없이 수술을 거듭하다가 손가락을 베어 패혈증(균이 혈관으로 들어가 염증을 일으키는 병)이라는 무서운 병에 걸린 거예요. 결국 수술 한 번 제대로 받지 못한 채 숨을 거두고 말았지요.

수많은 중국인들이 땅을 치며 통곡했어요. 일본군과 맞서 싸우는 병사들의 충격이 제일 컸지요. 병사들은 힘을 내 이렇게 외쳤어요.

"백구은은 우리 가슴속에 여전히 살아 있다!"

백구은은 베쑨이라는 이름을 중국식으로 부른 것인데, '은혜를 베푼 백인'이라는 뜻이에요.

사랑으로 의술을 베풀었던 노먼 베쑨. 그는 중국인들뿐 아니라 전 세계인의 가슴속에 영원히 큰 의사로 남아 있어요.

나도 큰 의사가 되고 싶어요. 그 첫걸음으로 나를 필요로 하는 어린 환자들을 위해 더 열심히 진찰하고 돌보려고 해요. 그리고 틈틈이 형편이 어려워서 제대로 치료를 받지 못하는 사람들을 돕고 있어요. 언젠가는 노먼 베쑨과 내 친구처럼 누군가를 도우러 먼 나라로 떠날 수도 있겠지요.

문득 제네바 선언문이 생각났어요. 이것은 고대 히포크라테스('의학의 아버지'라고 불리는 고대 그리스의 의사) 선언문을 쉽게 바꾼 것으로, 의과 대학을 졸업하는 날에 이 선언문을 맹세하지요. 선언문에는 의사의 마음가짐이 담겨 있어요.

나는 자칫 마음이 흐트러지거나 일이 힘들다고 느낄 때, 가만히 이 선언문을 읊어 보곤 해요. 그러다 보면 내가 하는 작은 수술 하나, 진찰 하나가 더없이 소중하다는 생각을 하게 되지요.

비록 지금은 큰 의사가 아닐지 몰라도, 나는 한 발 한 발 내 길을 걸어갈 거예요.

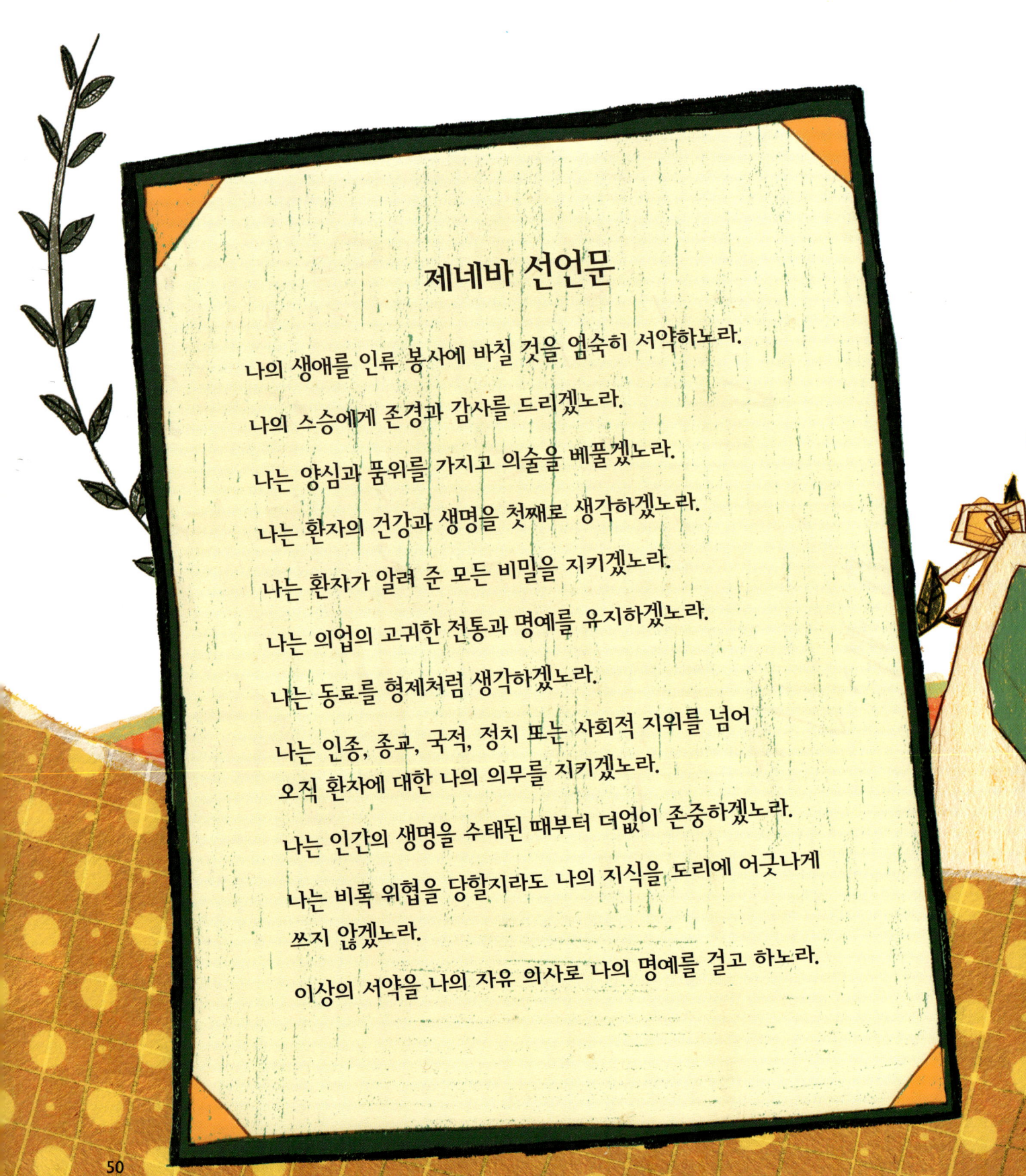

제네바 선언문

나의 생애를 인류 봉사에 바칠 것을 엄숙히 서약하노라.

나의 스승에게 존경과 감사를 드리겠노라.

나는 양심과 품위를 가지고 의술을 베풀겠노라.

나는 환자의 건강과 생명을 첫째로 생각하겠노라.

나는 환자가 알려 준 모든 비밀을 지키겠노라.

나는 의업의 고귀한 전통과 명예를 유지하겠노라.

나는 동료를 형제처럼 생각하겠노라.

나는 인종, 종교, 국적, 정치 또는 사회적 지위를 넘어 오직 환자에 대한 나의 의무를 지키겠노라.

나는 인간의 생명을 수태된 때부터 더없이 존중하겠노라.

나는 비록 위협을 당할지라도 나의 지식을 도리에 어긋나게 쓰지 않겠노라.

이상의 서약을 나의 자유 의사로 나의 명예를 걸고 하노라.

의학의 다양한 분야들

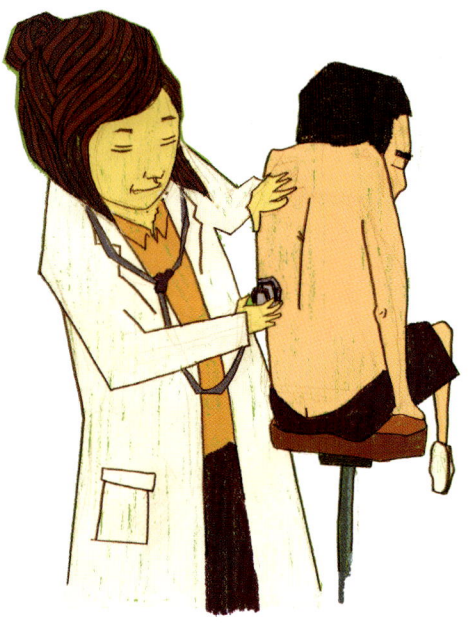

사람들이 가장 자주 찾는 내과

대부분의 사람들이 치료를 받기 위해 가장 많이 가는 곳은 내과예요. 감기에 걸리거나 열이 나고 배가 아프면, 보통 내과에 가서 진료를 받으니까요. 나이 어린 환자들을 치료해 주는 소아과도 넓게 보면 내과에 속해요. 내과 의사는 우리 몸속에 생긴 병을 예방하고 치료해요. 감기나 배탈처럼 가벼운 병부터 폐렴, 결핵, 암 같은 큰 병까지 수많은 질병을 다루지요. 외과 의사는 수술로 질병을 치료하는 반면, 내과 의사는 주로 약으로 치료한답니다.

자신감을 되찾아 주는 성형외과

성형 수술을 하는 성형외과는 외과의 한 분야예요. 요즘은 조금 더 예뻐지고 잘생겨지기 위해 성형외과에서 수술을 받는 사람이 많아요. 하지만 성형 수술의 본래 목적은 외모가 기형(생김새가 정상과는 다른 모양)으로 태어나거나, 병이나 사고로 얼굴 등의 부위가 변한 사람들을 고쳐 주기 위한 거예요. 외모에 자신감이 없는 사람들은 성형 수술을 통해서 자신감을 얻기도 해요. 그래서 성형외과 의사는 의학 각 분야의 지식은 물론 미적인 안목도 가져야 한답니다.

동양의 의학으로 치료하는 한의원

내과, 외과, 안과 등은 모두 서양에서 발달한 의학이에요. 반면 한의학은 중국에서 전래되어 우리나라에서 발달한 학문이지요. 한의원은 한의학을 바탕으로 환자들의 병을 치료하는 곳이에요. 한의학에서는 사람의 몸에 기(氣)가 흐른다고 생각해요. 이 기가 잘 흘러야 몸이 건강하고, 기가 잘 흐르지 못하면 우리 몸에 이상이 생긴다고 생각하지요. 한의학에서는 주로 약초(약으로 쓰는 풀)를 이용하는 '약물 요법'과 '식이 요법', 침을 놓는 '침구 요법' 등으로 병을 치료한답니다.

동물들의 건강을 돌보는 동물 병원

동물 병원은 동물들의 병을 예방하거나 진찰·치료하는 곳이에요. 동물 병원에서 진료하는 의사는 '수의사'라고 하지요. 동물 병원에 가면 수의사가 주로 사람들이 집에서 기르는 개나 고양이 같은 애완동물들을 치료해요. 하지만 수의사는 애완동물뿐 아니라 소나 양 같은 큰 동물의 병도 치료하지요. 동물들의 몸이 기본적으로 어떻게 생겼는지, 어떤 병에 잘 걸리고, 병에 걸리면 어떻게 치료하는지 배우고 공부했기 때문이랍니다.

재미있는 의학 이야기

옛날에는 이발사가 외과 의사였다!

옛날 유럽에서는 이발소가 병원 역할도 함께 했어요. 이발사가 수술을 했거든요. 수술 도구로는 머리를 자르고 면도를 할 때 쓰는 칼을 사용했다고 해요. 이발소는 응급실의 역할도 했기 때문에 사람들의 눈에 잘 띄는 원통 모형의 간판을 달아 놓았어요. 지금의 이발소 간판이지요. 빙그르르 돌아가는 간판에서 빨간색, 파란색, 하얀색은 각각 동맥과 정맥 그리고 붕대를 뜻한다고 해요.

의사가 가지고 다니는 물건들

의사는 환자들을 간단하게 진단할 수 있는 기구들을 늘 가지고 다녀요. 목에는 청진기를 두르고, 주머니 안에는 작은 의료용 손전등과 여러 가지 색깔의 펜들이 들어 있지요. 청진기는 환자의 가슴 속에 있는 기관들이 내는 온갖 소리를 들을 때 사용하고, 작은 손전등은 환자의 눈을 살펴볼 때 사용해요. 눈에 빛을 비췄을 때, 동공이 움직이지 않으면 뇌에 문제가 있다고 볼 수 있거든요. 또 펜은 환자의 진료 카드에 진찰 내용을 적을 때 사용한답니다.

외과 의사들은 바느질을 연습한다고?

외과에서는 환자의 치료를 위해 수술을 하는 경우가 많아요. 수술 마지막에는 수술 자리를 바늘과 실로 봉합(꿰메어 붙임)을 해야 하지요. 얼마나 섬세하게 봉합을 잘하느냐도 매우 중요해요. 그래서 많은 외과 의사들은 바쁜 가운데에서도 틈틈이 실로 봉합하고 매듭짓는 연습을 해요. 어떤 때에는 돼지 족발과 돼지 심장으로 바느질 연습을 하기도 한답니다. 실제 느낌과 최대한 비슷한 상황에서 연습하기 위해서이지요.

수술할 때에는 왜 초록색 수술복을 입을까?

외과 의사가 수술을 할 때에는 초록색 수술복을 입어요. 왜 그럴까요? 수술을 하는 동안 의사는 환자의 피를 오랫동안 보게 돼요. 그러면서 빨간색의 반대색인 초록색이 잔상으로 남게 된대요. 흰색 옷을 입으면 이 초록색 잔상이 옷에 어른거려서 수술할 때 집중력이 떨어지기 때문에, 초록색 옷을 입고 수술을 하는 거예요. 또한 초록색은 수술을 받는 환자들에게도 편안함을 느끼게 한대요.

의학의 역사와 미래

예방 주사와 혈액형의 발견

프랑스의 의사 '루이 파스퇴르'는 눈에 보이지 않는 작은 세균 때문에 병이 발생할 수도 있다는 사실을 처음으로 밝혀냈어요. 또 한번 병에 걸렸다가 나으면, 다시는 그 병에 걸리지 않는다는 사실(면역성)도 발견했고요. 그래서 병균을 아주 약하게 만들어 사람 몸에 주사하는 예방 주사가 생겨난 거랍니다.
또 1800년대부터 사람과 사람 사이에 수혈이 이루어졌지만, 그 성공률은 너무나 낮았어요. 오랜 연구 끝에 사람의 피가 다 똑같지 않다는 것을 알게 되었어요. A형, B형, O형, AB형 등의 혈액형을 발견해 냈지요. 그때부터는 서로 다른 혈액형의 피를 수혈해서 사람이 죽는 일이 부쩍 줄어들게 되었답니다.

더 이상 고치지 못할 병은 없다!

의학은 수많은 사람들의 노력에 의해 꾸준히 발전해 왔어요. 의학의 발달에 따라 사람의 수명도 점차 늘어났지요. 조선 시대 초기에는 사람들의 평균 수명이 아주 낮았지만, 현재는 80세에 가까워지고 있어요. 물론 생활 환경과 식생활이 좋아진 영향도 있겠지만, 의학의 발달로 각종 질병을 치료하게 된 것이 큰 영향을 끼쳤지요. 옛날에는 페스트, 천연두, 결핵 등의 전염병으로 많은 사람들이 죽었지만, 현대에는 이런 질병들은 모두 치료할 수 있어요. 또 여러 가지 치료법들이 개발되고 있어서 암이나 에이즈 같은 무서운 질병들도 곧 치료할 수 있을 거라고 해요.

나날이 발전하는 생명 공학

1997년 2월 23일, 영국에서 새끼 양 '돌리'가 태어났어요. 돌리는 세계 최초의 복제 동물이었지요. 많은 사람들이 복제 기술이 발전하면 치료하기 힘든 병도 다 치료할 수 있게 된다고 크게 환영했어요. 하지만 신비로운 생명을 과학자들이 함부로 다루면 큰 문제가 생길 거라고 비판하는 사람들도 있었지요.
사실 생명 공학은 난치병을 치료하고 인간의 수명을 늘리는 데 큰 성과를 이룩했지요. 그러나 생명 공학이 어디까지 발전해야 하는지에 대해서는 끝없는 논란이 벌어지고 있어요. 어쨌든 공상 과학 영화에 나오는 것처럼 나와 똑같이 생긴 사람이 공장에서 마구 생산되는 일만큼은 절대로 없어야 하지 않을까요?

미래의 의사 선생님은 로봇?

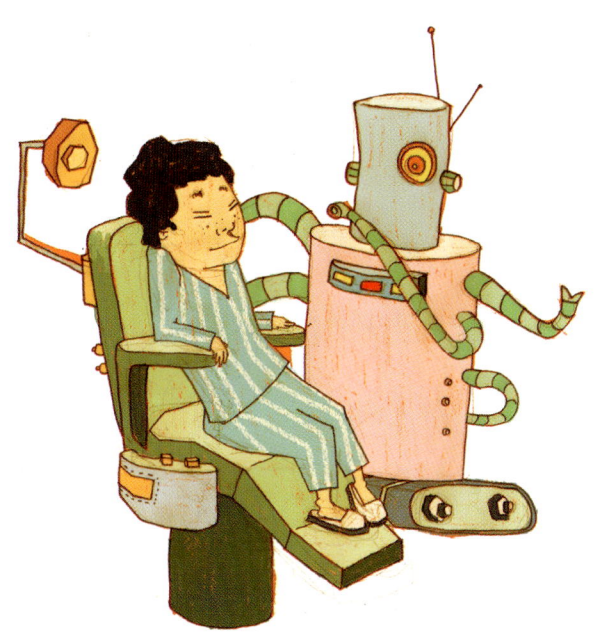

의학 기술의 발전은 참으로 놀라워요. 수술을 할 때에는 대부분 의사가 칼을 써서 하지요. 그래서 아무리 솜씨 좋은 의사라도 수술칼을 잡으면 긴장을 해요. 혹시라도 엉뚱한 곳을 베거나 하면 큰일이니까요.
하지만 이제 그런 걱정이 점점 줄어들고 있어요. 환자의 암세포에 정확히 레이저를 쏘아 치료하는 방법들이 개발되고 있거든요. 또 의사가 컴퓨터를 조작하면 로봇 팔이 칼을 쥐고 의사가 지시하는 대로 수술하는 원격 로봇 수술 방법도 개발되었고요. 앞으로도 여러 가지 훌륭한 첨단 치료 방법들이 꾸준히 나올 거예요.

꿈을 키우는 아이들에게

다른 사람의 아픔을 치료하는 의사

얼마 전 나는 '이'가 몹시 아팠어요. 뭔가 단단한 것을 씹다가 그만 이의 끝부분이 부서지고 말았지요. 그때는 눈앞이 캄캄했어요. 나는 몸이 마르기는 했지만, 감기도 잘 걸리지 않는 건강한 체질이에요.

하지만 문제는 늘 이랍니다. 도대체 이 때문에 얼마나 고생을 했는지 몰라요. 아마 어릴 때부터 단것을 많이 먹어서 그런가 봐요. 어쨌든 나는 이가 아플 때마다 다짐을 했어요.

'이번에는 정말 치료를 잘 받고 관리도 잘해서 다시는 치과에 가지 말아야지.'

하지만 글쎄요. 정작 치료를 다 받고 나서도 그런 생각을 했을까요? 천만에요. 치과 치료가 끝나기 무섭게 내가 언제 이 때문에 고생했는지 홀딱 잊어버렸지요. 그러고는 이를 제대로 관리를 안 해서 또 치과 의사를 찾아가곤 했답니다. 만약 치과 의사가 없었다면 나는 맛있는 음식도 못 먹고, 이가 아파서 늘 끙끙대며 지냈을 거예요.

그래요. 우리 주변에는 병원도 많고 의사도 많이 있어요. 그 분들의

도움으로 우리가 건강하게 생활할 수 있는 거예요.

　이 책은 바로 그런 의사에 대한 이야기예요. 의사가 되려면 어떤 공부를 해야 하는지, 병원에서는 어떤 일들이 벌어지는지, 의학은 어디까지 발달했는지, 의학에 대한 재미있는 이야기들도 나오지요.

　물론 이 책이 의사에 대한 모든 궁금증을 다 풀어 주지는 않아요. 그렇지만 의사가 가치 있고 보람 있는 직업이라는 것, 누구나 노력하면 의사가 될 수 있다는 것은 알려 주고 싶었어요. 물론 의사가 되려면 엄청나게 공부를 많이 해야 해요. 그만큼 용기와 끈기도 필요하고요.

　이 책을 읽는 어린이들이 모두 의사를 꿈꾸지는 않겠지요. 하지만 적어도 이 책을 읽은 어린이는 늘 우리 주변에 있는 의사에 대해서 새삼 고마움을 느낄 수 있을 거예요. 어때요, 함께 외쳐 볼까요?

　"의사 선생님, 고맙습니다!"

글쓴이 김남일

소중한 생명을 다루는
의사
초판 1쇄 발행 | 2010년 2월 25일
초판 4쇄 발행 | 2012년 6월 8일

글 | 김남일
그림 | 안희건

발행인 | 양원석
편집장 | 전혜원
책임편집 | 최주영
기획·편집·디자인 | 초콜릿나무
마케팅 | 김경만, 곽희은, 송기현, 우지연
제작 | 문태일, 김수진

펴낸곳 | (주)알에이치코리아
주소 | 153-802 서울시 금천구 가산동 디지털 2로 53, 한라시그마밸리 (20층)
문의 | 02)6443-8869(내용), 02)6443-8838(구입)
홈페이지 | www.jrrhk.com
등록 | 2004년 1월 15일 제2-3726호

© 김남일, 안희건 2009
ISBN 978-89-255-3111-3 73300
      978-89-255-1887-9 (세트)

값 9,000원

이 책은 저작권법에 따라 보호를 받는 저작물이므로 무단 전재와 무단 복제를 금지하며,
이 책 내용의 일부를 이용하시려면 반드시 저작권자와 (주)알에이치코리아의 서면 동의를 받아야 합니다.

＊잘못 만들어진 책은 구입하신 곳에서 교환해 드립니다.
＊책 모서리가 날카로워 다칠 수 있으니 사람을 향해 던지거나 떨어뜨리지 마십시오.
＊이 책의 맞춤법과 띄어쓰기는 국립국어원의 기준을 따랐습니다.

직업의 세계가 보인다! 상식과 지식이 넓어진다! 직업에 대한 꿈이 생긴다!

미래의 꿈을 키울 수 있는 '직업 동화 시리즈'입니다. 이 시리즈를 통해 막연하게 알고 있던 각 직업의 세계를 자세히 알게 되고, 직업과 관련된 사회, 문화, 역사 등 다양한 상식을 넓힐 수 있습니다. 재미있고 흥미진진한 직업의 세계는 앞으로도 계속됩니다.

1권 우주로 꿈을 쏘아 올린 우주 비행사
우주 비행사가 들려주는 이야기를 통해 우주 비행사가 받는 훈련, 우주에서의 생활, 우주 개발의 역사 등을 생생하게 알 수 있습니다.

6권 법으로 희망을 심는 변호사
변호사가 마을 사람들의 권리를 찾아 주는 과정을 통해 변호사의 세계를 알아봅니다. 변호사는 어떤 일을 하는지, 또 법정 안의 모습과 판사, 검사에 대해서도 알 수 있습니다.

2권 맛을 지휘하는 요리사
한식, 중식, 일식, 양식 요리사와 파티시에의 하루를 통해 요리사의 세계를 알아봅니다. 사랑과 정성을 쏟아 요리하는 다양한 요리사들의 모습을 만날 수 있습니다.

7권 세계를 향한 슈팅, 축구 선수
세계적으로 발돋움하는 축구 선수의 이야기를 통해 생생한 축구 선수의 세계를 알아봅니다. 축구 경기의 이모저모, 월드컵 이야기, 다양한 축구 정보와 역사도 알 수 있습니다.

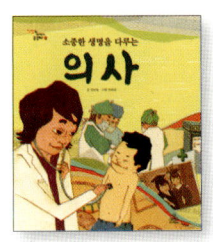

3권 소중한 생명을 다루는 의사
종합 병원 소아과 의사의 숨 가쁜 하루를 따라가며 의사의 세계를 알아봅니다. 각 과의 의사들이 하는 일, 재미있는 의학의 이모저모도 알 수 있습니다.

8권 무대 위의 별, 뮤지컬 배우
세계적인 뮤지컬 배우로 성장하는 은지 이야기를 통해 환상적인 뮤지컬 배우의 세계를 알아봅니다. 다양한 뮤지컬 정보와 역사, 유명한 작품들, 공연 감상법도 알 수 있습니다.

4권 꿈을 입히는 패션 디자이너
패션쇼를 준비하는 다섯 명의 디자이너를 통해 패션 디자이너의 세계를 알아봅니다. 디자인에서부터 옷이 만들어지는 과정, 다채로운 패션 정보와 역사도 알 수 있습니다.

9권 진실을 보도하는 방송 기자·앵커
방송 기자에서 시작하여 앵커가 된 한미소의 이야기를 통해 기자와 앵커는 어떤 일을 하는지 알아봅니다. 뉴스 제작 과정도 알 수 있습니다.

5권 행복을 연출하는 방송 PD
크리스마스 특집 프로그램을 만드는 과정을 통해 치열한 방송 PD의 세계를 알아봅니다. 방송 제작 과정과 방송국의 여러 장소, 다양한 분야의 PD들에 대해서도 알 수 있습니다.

10권 하늘을 나는 꿈, 비행기 조종사
카이로행 국제선 비행기를 조종하는 한비를 통해 비행기 조종사가 하는 일에 대해 알아봅니다. 비행기 내부 모습과 공항, 또 출국과 입국 과정에 대해서도 알 수 있습니다.